The Adventure of Little Giraffe Zosia: Bilingual Polish English Stories for Kids

Coledown Bilingual Books

Published by Coledown Bilingual Books, 2023.

While every precaution has been taken in the preparation of this book, the publisher assumes no responsibility for errors or omissions, or for damages resulting from the use of the information contained herein.

THE ADVENTURE OF LITTLE GIRAFFE ZOSIA: BILINGUAL POLISH ENGLISH STORIES FOR KIDS

First edition. September 10, 2023.

Copyright © 2023 Coledown Bilingual Books.

ISBN: 979-8223081937

Written by Coledown Bilingual Books.

Table of Contents

Przygoda Małej Żyrafki Zosi

Zosi mieszkała w wielkiej dżungli razem z jej rodziną. Była najmniejszą żyrafką w całej dżungli, ale miała wielkie serce pełne odwagi i ciekawości. Zawsze marzyła o czymś, czego żadna inna żyrafka nie robiła wcześniej - o podróży na najwyższą górę w okolicy, zwaną "Szczyciłem Nieba".

Pewnego słonecznego ranka, gdy słońce wschodziło nad dżunglą, Zosia postanowiła wyruszyć w swoją wielką podróż. Opuściła swoją rodzinę i ruszyła w głąb dżungli, zapatrzona w szczyt góry, który majaczył na horyzoncie.

Podczas swojej podróży Zosia spotkała wiele zwierząt. Spotkała wesołego małpę, która nauczyła ją tańca w koronach drzew. Następnie spotkała mądrego słonia, który podzielił się z nią swoją wiedzą o dżungli. Ale najważniejsze było to, że Zosia spotkała małego, zagubionego lwa, który potrzebował pomocy.

Zosia pomogła małemu lwowi odnaleźć jego rodzinę i dzięki temu zdobyła nowego przyjaciela. Razem wyruszyli na dalszą podróż. Dochodząc coraz bliżej "Szczytu Nieba", Zosia odkryła, że aby osiągnąć swoje cele, potrzebujemy przyjaciół i odwagi.

W końcu, po wielu przygodach, Zosia dotarła na sam szczyt "Szczytu Nieba". Stała na nim dumna i szczęśliwa, wiedząc, że osiągnęła swoje marzenie. Ale wtedy też zrozumiała, że najważniejsze jest towarzystwo przyjaciół i pomoc, jaką możemy sobie nawzajem ofiarować w podróży przez życie.

The Adventure of Little Giraffe Zosia

Zosia lived in a vast jungle with her family. She was the smallest giraffe in the entire jungle, but she had a big heart full of courage and curiosity. She always dreamed of something no other giraffe had done before - a journey to the highest mountain in the area, known as the "Peak of the Sky."

One sunny morning, as the sun rose over the jungle, Zosia decided to embark on her grand adventure. She left her family behind and headed deeper into the jungle, gazing at the mountain peak shimmering on the horizon.

During her journey, Zosia encountered many animals. She met a playful monkey who taught her to dance in the treetops. Then, she met a wise elephant who shared his knowledge of the jungle with her. But most importantly, Zosia met a lost little lion who needed help.

Zosia helped the young lion find his family, gaining a new friend in the process. Together, they continued their journey. As they got closer to the "Peak of the Sky," Zosia realized that to achieve her dreams, she needed friends and courage.

Finally, after many adventures, Zosia reached the summit of the "Peak of the Sky." She stood there proud and happy, knowing that she had achieved her dream. But she also understood that the most important thing is the companionship of friends and the help we can offer each other on the journey through life.

Mały Słoń i Jego Wielka Przygoda

Był raz mały słonik o imieniu Kuba, który mieszkał w wielkiej dżungli. Kuba był wyjątkowy, ponieważ miał bardzo długą i zakręconą trąbę, która sprawiała, że wyglądał trochę inaczej niż inni słonie w jego stadzie. Zawsze czuł się trochę nieśmiały z powodu swojej trąby.

Pewnego dnia, gdy Kuba spacerował przez dżunglę, usłyszał łoskot i krzyki. Przez gęsty las zobaczył, że wielkie drzewo zawaliło się na drogę i zablokowało przejście innym zwierzętom. Kuba poczuł, że teraz ma okazję udowodnić, że jego długa trąba może być bardzo przydatna.

Zebrał wszystkie swoje siły i przyszedł z pomocą. Dzięki swojej długiej trąbie mógł podnosić ciężkie kawały drewna i przesuwać je na bok. Wszystkie zwierzęta były bardzo wdzięczne, że Kuba pomógł im usunąć przeszkodę, i zaczęły go doceniać.

Kuba zrozumiał, że to, co go wyróżniało od innych, mogło być jego największą siłą. Postanowił używać swojej trąby, aby pomagać innym w dżungli. Został słoniem, na którego wszyscy mogli liczyć.

Od tego dnia Kuba nie czuł się już nieśmiały z powodu swojej trąby. Stał się bohaterem dżungli i dowiedział się, że każdy ma coś wyjątkowego w sobie, co może użyć, żeby pomóc innym i uczynić świat lepszym miejscem.

Little Elephant and His Grand Adventure

Once there was a little elephant named Jacob who lived in a vast jungle. Jacob was unique because he had a very long and curly trunk, which made him look a bit different from the other elephants in his herd. He always felt a little shy because of his trunk.

One day, as Jacob was strolling through the jungle, he heard a loud crash and cries for help. Through the dense forest, he saw a big tree had fallen across the path, blocking the way for other animals. Jacob felt that now he had a chance to prove that his long trunk could be very useful.

He gathered all his strength and came to the rescue. Thanks to his long trunk, he could lift heavy pieces of wood and move them aside. All the animals were very grateful that Jacob helped them remove the obstacle, and they began to appreciate him.

Jacob realized that what made him stand out from others could be his greatest strength. He decided to use his trunk to help others in the jungle. He became the elephant that everyone could count on.

From that day on, Jacob no longer felt shy because of his trunk. He became a hero of the jungle and learned that everyone has something unique about themselves that they can use to help others and make the world a better place.

Przygoda Skrzatka Mikołaja

Dawno, dawno temu, w głębokim lesie, mieszkał mały skrzatek o imieniu Mikołaj. Mikołaj był skrzatkiem wyjątkowym, ponieważ miał błyszczące zielone oczy, które świeciły w ciemności. Był też niezwykle ciekawski i lubił odkrywać nowe miejsca.

Pewnego deszczowego dnia, gdy las był pokryty kroplami deszczu, Mikołaj postanowił wybrać się na swoją największą przygodę. Zabrał ze sobą małą lornetkę i ruszył w głąb lasu, w poszukiwaniu tajemniczego źródła, o którym opowiadały legendy.

Podczas swojej podróży Mikołaj spotkał wiele zwierząt i roślin. Zobaczył tęczowego ptaka, który pomógł mu znaleźć drogę przez gęsty las. Odkrył też magiczny kwiat, który potrafił uzdrawiać rany. Z każdym krokiem Mikołaj uczył się czegoś nowego i czuł, że jest częścią wspaniałego świata natury.

Nareszcie, po wielu dniach wędrówki, Mikołaj dotarł do ukrytego źródła. Woda była krystalicznie czysta i emanowała blaskiem. Kiedy Mikołaj spojrzał w źródło, jego zielone oczy świeciły jeszcze jaśniej. Zrozumiał, że to źródło było magiczne i mogło dawać życie lasowi.

Mikołaj postanowił chronić to magiczne miejsce i podzielić się swoim odkryciem z innymi skrzatkami. Wkrótce źródło stało się miejscem, gdzie wszyscy skrzatki mogły się spotykać i cieszyć pięknem natury.

Historia Mikołaja pokazuje, że czasem największą przygodą jest odkrycie piękna w najmniejszych rzeczach i że każdy może mieć wpływ na zachowanie natury.

The Adventure of the Gnome Nicholas

Once upon a time, in a deep forest, there lived a little gnome named Nicholas. Nicholas was an exceptional gnome because he had shiny green eyes that glowed in the dark. He was also incredibly curious and loved to explore new places.

One rainy day, when the forest was covered in raindrops, Nicholas decided to embark on his greatest adventure. He took a small telescope with him and ventured deeper into the forest in search of a legendary spring.

During his journey, Nicholas encountered many animals and plants. He saw a rainbow-colored bird that helped him find his way through the dense woods. He also discovered a magical flower that could heal wounds. With every step, Nicholas learned something new and felt like he was a part of the magnificent world of nature.

Finally, after many days of wandering, Nicholas reached the hidden spring. The water was crystal clear and radiated with a gentle glow. When Nicholas looked into the spring, his green eyes shone even brighter. He realized that this spring was magical and could bring life to the forest.

Nicholas decided to protect this magical place and share his discovery with other gnomes. Soon, the spring became a gathering place for all the gnomes to meet and enjoy the beauty of nature.

Nicholas's story teaches us that sometimes the greatest adventure is discovering the beauty in the smallest things and that everyone can have an impact on preserving nature.

Magiczna Wiosenna Wizyta

Był raz w małej wiosce pewien chłopiec o imieniu Mateusz. Wiosna właśnie zawitała, a drzewa zakwitły w pięknych kolorach. Mateusz uwielbiał wiosnę ze wszystkimi jej cudami, ale najbardziej czekał na magiczne zjawisko, które działo się tylko raz w roku.

Co roku, w pierwszym dniu wiosny, tajemniczy wróżbita z pobliskiego lasu odwiedzał wioskę, aby przewidzieć przyszłość dzieci. Dzieci czekały z niecierpliwością na tę wizytę, ponieważ wróżbita posiadał zdolność widzenia przyszłości w oczach dzieci.

Wreszcie, pierwszy dzień wiosny nadszedł, a wróżbita pojawił się w wiosce. Dzieci ustawiły się w kolejce, aby spojrzeć wróżbitą w oczy i poznać swoją przyszłość. Kiedy przyszedła kolej na Mateusza, wróżbita spojrzał mu w oczy i uśmiechnął się.

"Twoja przyszłość jest jasna i pełna przygód," powiedział wróżbita. "Będziesz odkrywać nieznane światy i spotykać niezwykłych ludzi."

Mateusz był podekscytowany i zaciekawiony swoją przyszłością. Z każdym dniem próbował nowych rzeczy i odkrywał świat wokół siebie. Podróżował daleko i szeroko, spotykając ludzi o różnych kulturach i zwyczajach.

W miarę jak dorastał, stał się mędrcem i podróżnikiem, dzieląc się swoją mądrością i doświadczeniem z innymi. Wróżbita miał rację - przyszłość Mateusza była pełna przygód i odkryć, a on sam stał się inspiracją dla wielu.

Ta historia uczy nas, że czasem wystarczy jedno magiczne spojrzenie, aby wzbudzić w kimś pasję do odkrywania świata i dzielenia się swoją wiedzą z innymi.

The Magical Spring Visit

Once in a small village, there was a boy named Matthew. Spring had just arrived, and the trees were blooming in beautiful colors. Matthew loved spring with all its wonders, but he eagerly awaited a magical event that happened only once a year.

Every year, on the first day of spring, a mysterious fortune-teller from the nearby forest would visit the village to predict the future of the children. Children waited eagerly for this visit because the fortune-teller had the ability to see the future in children's eyes.

Finally, the first day of spring arrived, and the fortune-teller appeared in the village. Children lined up to have the fortune-teller look into their eyes and reveal their future. When it was Matthew's turn, the fortune-teller gazed into his eyes and smiled.

"Your future is bright and full of adventures," the fortune-teller said. "You will explore unknown worlds and meet extraordinary people."

Matthew was excited and curious about his future. Each day, he tried new things and discovered the world around him. He traveled far and wide, meeting people of different cultures and customs.

As he grew up, he became a wise traveler, sharing his wisdom and experiences with others. The fortune-teller was right - Matthew's future was indeed full of adventures and discoveries, and he became an inspiration to many.

This story teaches us that sometimes all it takes is one magical gaze to ignite someone's passion for exploring the world and sharing their knowledge with others.

Przygoda Małej Wiewiórki Basii

W lesie, gdzie liście szeleściły w rytm wiatru, mieszkała mała wiewiórka o imieniu Basia. Basię cechowała odwaga i ciekawość, a także nieustająca radość życia. Lubiła skakać po drzewach i zbierać orzechy razem ze swoimi przyjaciółmi wiewiórkami.

Pewnego dnia, kiedy słońce świeciło jasno na niebie, Basię ogarnęło dziwne uczucie. Miała wrażenie, że gdzieś tam, po drugiej stronie lasu, czeka na nią coś niezwykłego. Bez wahania, zebrała swoje zapasy orzechów i wyruszyła na swoją wielką przygodę.

Podczas swojej podróży Basię spotkała różne zwierzęta. Poznała mądrego sowy, która nauczyła ją, jak orientować się w lesie. Spotkała też żółwia, który nauczył ją cierpliwości i doceniania piękna przyrody.

W końcu, po wielu dniach podróży, Basia dotarła do magicznego jeziora otoczonego kolorowymi kwiatami. Na środku jeziora stał piękny latający statek. Okazało się, że jest to latający statek kapitana Kurczaka, który marzył o tym, aby eksplorować świat i odkrywać nowe miejsca.

Basia i kapitan Kurczak stali się szybko przyjaciółmi i razem ruszyli w niezwykłą podróż. Odwiedzili odległe wyspy, odkrywali nieznane krajobrazy i spotykali nowych przyjaciół na swojej drodze.

Kiedy wróciła do swojego lasu, Basia była pełna opowieści i doświadczeń. Jej przygoda nauczyła ją, że czasem warto posłuchać swojego serca i ruszyć w nieznaną przygodę, bo tam czeka mnóstwo niesamowitych doświadczeń.

Ta historia uczy nas, że odwaga, ciekawość i otwarcie na nowe doświadczenia mogą prowadzić do niezapomnianych przygód i wartościowych przyjaźni.

The Adventure of Little Squirrel Basia

In a forest where leaves rustled to the rhythm of the wind, there lived a little squirrel named Basia. Basia was characterized by her courage, curiosity, and unending joy for life. She loved to jump among the trees and gather acorns with her fellow squirrels.

One day, when the sun was shining brightly in the sky, Basia felt a strange sensation. She had a feeling that something extraordinary was waiting for her on the other side of the forest. Without hesitation, she gathered her stash of acorns and set off on her grand adventure.

During her journey, Basia encountered various animals. She met a wise owl who taught her how to navigate the forest. She also met a turtle who taught her patience and how to appreciate the beauty of nature.

Finally, after many days of travel, Basia arrived at a magical lake surrounded by colorful flowers. In the middle of the lake stood a beautiful flying ship. It turned out to be the flying ship of Captain Chick, who dreamed of exploring the world and discovering new places.

Basia and Captain Chick quickly became friends and embarked on an extraordinary journey together. They visited distant islands, discovered unknown landscapes, and made new friends along the way.

When she returned to her forest, Basia was full of stories and experiences. Her adventure taught her that sometimes it's worth listening to your heart and embarking on an unknown adventure because there are plenty of amazing experiences waiting there.

This story teaches us that courage, curiosity, and openness to new experiences can lead to unforgettable adventures and valuable friendships.

Złoty Ptak i Skarb Wielkiej Góry

Dawno, dawno temu, w odległej krainie, istniała legenda o złotym pisklęciu, które żyło w Wielkiej Górze. Ludzie wierzyli, że jeśli ktoś złapie złotego ptaka, otrzyma skarb o ogromnej wartości.

Jednak nikt nie był w stanie złapać złotego ptaka, ponieważ był nie tylko niewiarygodnie szybki, ale też mądry i sprytny. Wszyscy próbowali swoich sił, ale bezskutecznie.

Pewnego dnia w odległej wiosce mieszkał chłopiec o imieniu Stefan. Stefan był wyjątkowy, ponieważ miał ogromne serce i był gotów pomagać innym. Pewnego ranka usłyszał opowieść o złotym pisklęciu i skarbie Wielkiej Góry.

Stefan postanowił, że spróbuje złapać złotego ptaka, nie ze względu na skarb, ale aby pomóc swojej wiosce. Wybrał się na długą i trudną podróż do Wielkiej Góry. W trakcie swojej podróży spotkał wiele trudności, ale nie poddał się.

Kiedy dotarł na szczyt Wielkiej Góry, zobaczył złotego ptaka. Ptak był piękny, a jego pióra świeciły jak złoto na słońcu. Stefan zrozumiał, że nie może złapać ptaka siłą, więc postanowił spróbować czegoś innego.

Zamiast łapać ptaka, Stefan zaczął grać na swoim skrzypcach. Muzyka była tak piękna, że złoty ptak przysiadł na jego ramieniu, słuchając zachwycony. Stefan kontynuował grę, a ptak zaczynał mu śpiewać.

Tymczasem, góra zaczęła się trząść, a ziemia zaczęła drżeć. Ogromny kamień zaczął się przesuwać, a pod nim ukazał się skarb. To był skarb Wielkiej Góry, który był dostępny tylko dla tych, którzy potrafili dotrzeć do serca złotego ptaka.

Stefan zrozumiał, że prawdziwy skarb nie tkwił w złocie czy klejnotach, ale w muzyce, przyjaźni i sercu. Wrócił do swojej wioski jako bohater i dzielił się swoją muzyką i mądrością z innymi.

Ta historia uczy nas, że prawdziwy skarb nie zawsze jest tym, czego oczekujemy. Może tkwić w nas samych, w naszych umiejętnościach i w naszych relacjach z innymi.

The Golden Bird and the Treasure of the Great Mountain

Long, long ago, in a distant land, there was a legend of a golden chick that lived in the Great Mountain. People believed that if someone caught the golden bird, they would receive a treasure of immense value.

However, no one could catch the golden bird because it was not only incredibly fast but also wise and clever. Everyone tried their best, but all their efforts were in vain.

One day, in a remote village, there lived a boy named Stefan. Stefan was exceptional because he had a big heart and was willing to help others. One morning, he heard the story of the golden chick and the treasure of the Great Mountain.

Stefan decided that he would try to catch the golden bird, not for the treasure, but to help his village. He embarked on a long and arduous journey to the Great Mountain. Along his journey, he encountered many challenges, but he never gave up.

When he reached the summit of the Great Mountain, he saw the golden bird. The bird was beautiful, and its feathers glistened like gold in the sunlight. Stefan realized that he couldn't capture the bird by force, so he decided to try something different.

Instead of trying to capture the bird, Stefan began to play his violin. The music was so beautiful that the golden bird perched on his shoulder, listening in delight. Stefan continued to play, and the bird began to sing along.

Meanwhile, the mountain started to tremble, and the earth began to shake. A massive stone started to move, revealing a treasure. It was the treasure of the Great Mountain, accessible only to those who could reach the heart of the golden bird.

Stefan understood that the true treasure was not in gold or jewels but in music, friendship, and the heart. He returned to his village as a hero and shared his music and wisdom with others.

This story teaches us that the real treasure is not always what we expect. It may lie within ourselves, in our skills, and in our relationships with others.

Opowieść o Złotej Rybce

———

Dawno, dawno temu, w małej rybackiej wiosce, mieszkał biedny rybak o imieniu Jakub. Jakub codziennie wypływał na morze, aby złowić ryby, które stanowiły jedyny środek utrzymania dla niego i jego starej matki. Jednak każdego dnia wracał z morza z niewielkim połowem.

Pewnego dnia, Jakub wyrzucił swoją sieć w morze i zaczął modlić się o większy połów, aby zapewnić sobie i swojej matce lepsze życie. Gdy właśnie miał wyciągać sieć, nagle zauważył coś niezwykłego - złotą rybkę złapaną w pułapkę.

Rybka mówiła ludzkim głosem i błagała o uwolnienie. Jakub, pełen współczucia, wypuścił rybkę z sieci i położył ją z powrotem w morzu. Złota rybka podziękowała mu i obiecała spełnić trzy jego życzenia jako wdzięczność za uratowanie jej życia.

Jakub wrócił do domu i opowiedział matce o swoim spotkaniu z złotą rybką. Matka była przekonana, że to była zwyczajna ryba i że Jakub nie powinien był tracić czasu na takie rzeczy. Ale Jakub, mając nadzieję na lepsze życie, zdecydował się poprosić o swoje pierwsze życzenie.

"Chciałbym, aby nasza chata była piękna i wygodna," powiedział.

Kiedy wrócili do chaty, okazało się, że stała się ona pięknie urządzonym domem, wypełnionym luksusem i wygodą. Matka Jakuba była zaskoczona i zaczęła wierzyć w moc złotej rybki.

Następnego dnia Jakub postanowił użyć swojego drugiego życzenia.

"Chciałbym, aby nasza wioska była bogata i dostatnia," prosił.

I tak się stało. Wioska nagle stała się znana z bogactwa i dostatku. Ludzie z innych wiosek przybywali, aby podziwiać jej piękno i bogactwo.

Na koniec Jakub miał jedno życzenie pozostałe. Jednak zrozumiał, że dostatek i luksus nie były tym, czego naprawdę potrzebował. Poprosił złotą rybkę o trzecie życzenie:

"Proszę, złota rybko, zabierz naszą wioskę z powrotem do stanu, w którym była przed moimi życzeniami. Dostatek i luksus są ważne, ale prawdziwe bogactwo to spokój, wspólnota i miłość."

Złota rybka spełniła życzenie Jakuba, a wioska powróciła do swojego prostego i spokojnego życia. Jakub i jego matka żyli szczęśliwie, ciesząc się tym, co mieli, i doceniając prawdziwą wartość życia.

Ta opowieść uczy nas, że prawdziwe bogactwo nie zawsze tkwi w materiale, ale w spokoju, wspólnoty i miłości.

The Tale of the Golden Fish

Long, long ago, in a small fishing village, there lived a poor fisherman named Jacob. Jacob went out to sea every day to catch fish, which was the only means of livelihood for him and his elderly mother. However, every day he returned from the sea with a meager catch.

One day, Jacob cast his net into the sea and began to pray for a larger catch to provide a better life for himself and his mother. Just as he was about to haul in his net, he noticed something extraordinary - a golden fish trapped in the net.

The fish could speak with a human voice and pleaded to be released. Filled with compassion, Jacob freed the golden fish and placed it back into the sea. The golden fish thanked him and promised to grant him three wishes as a token of gratitude for saving its life.

Jacob returned home and told his mother about his encounter with the golden fish. His mother believed it was just an ordinary fish and that Jacob should not waste time on such matters. However, driven by the hope of a better life, Jacob decided to make his first wish.

"I wish for our cottage to be beautiful and comfortable," he said.

When they returned to their cottage, they found it transformed into a beautifully furnished home filled with luxury and comfort. Jacob's mother was amazed and began to believe in the power of the golden fish.

The next day, Jacob decided to make his second wish.

"I wish for our village to be wealthy and prosperous," he requested.

And so it was. The village suddenly became known for its wealth and abundance. People from other villages came to admire its beauty and prosperity.

Finally, Jacob had one wish left. However, he realized that wealth and luxury were not what he truly needed. He decided to make his third wish:

"Please, golden fish, take our village back to the way it was before my wishes. While wealth and luxury are important, true riches lie in peace, community, and love."

The golden fish granted Jacob's wish, and the village returned to its simple and peaceful life. Jacob and his mother lived happily, cherishing what they had and appreciating the true value of life.

This story teaches us that true wealth is not always in material possessions but in peace, community, and love.

Skarb Góry Smoczej

W odległym królestwie, za wysokimi górami i bujnymi lasami, istniała legenda o górze, w której ukryty był największy skarb w całym świecie. Mówiono, że ta góra była strzeżona przez potężnego smoka o błyszczących, srebrnych łuskach.

Ludzie z królestwa opowiadali sobie historie o próbach zdobycia skarbu z Góry Smoczej, ale żaden odważny poszukiwacz nie powrócił z powodzeniem. Smok był zbyt potężny, a góra zbyt trudna do zdobycia.

Pewnego dnia, młody chłopiec o imieniu Janek usłyszał te opowieści i postanowił, że spróbuje zdobyć skarb Góry Smoczej. Nie chciał bogactwa ani sławy, ale marzył o pomocy swojej biednej wiosce, która potrzebowała wsparcia.

Janek wyruszył na długą podróż, aby dotrzeć do Góry Smoczej. Po drodze spotkał wiele wyzwań i prób, ale nie dał za wygraną. W końcu dotarł do stóp góry, gdzie spotkał potężnego smoka o srebrnych łuskach.

Smok był imponujący, ale nie chciał skrzywdzić Janka. Chłopiec zapytał smoka, dlaczego strzeże skarbu Góry Smoczej. Smok opowiedział mu o historii góry i o tym, jak skarb ma moc uzdrawiania i przynoszenia pokoju.

Janek zrozumiał, że prawdziwym skarbem jest zdolność góry do pomocy innym. Poprosił smoka, aby pomógł mu zabrać część skarbu do swojej wioski, aby pomóc potrzebującym.

Smok, wzruszony determinacją chłopca, zgodził się. Wspólnie przekazali część skarbu wiosce, a jego moc pomogła uzdrowić chorych i przywrócić spokój.

Janek stał się bohaterem swojej wioski i uczył mieszkańców, że prawdziwy skarb tkwi nie tylko w bogactwie, ale w zdolności do pomocy innym i w sercu otwartym na dobro innych ludzi.

Ta historia uczy nas, że największym skarbem jest zdolność do pomagania i dzielenia się z innymi.

The Treasure of Dragon Mountain

In a distant kingdom, beyond high mountains and lush forests, there was a legend about a mountain that concealed the greatest treasure in the whole world. It was said that this mountain was guarded by a mighty dragon with shining silver scales.

People in the kingdom told stories of attempts to obtain the treasure from Dragon Mountain, but no brave seeker had returned successfully. The dragon was too powerful, and the mountain too difficult to conquer.

One day, a young boy named Johnny heard these stories and decided that he would try to obtain the treasure of Dragon Mountain. He didn't desire wealth or fame, but he dreamt of helping his impoverished village in need of support.

Johnny embarked on a long journey to reach Dragon Mountain. Along the way, he faced many challenges and trials, but he never gave up. Eventually, he reached the base of the mountain, where he encountered the mighty dragon with its shimmering silver scales.

The dragon was imposing, but it didn't wish to harm Johnny. The boy asked the dragon why it guarded the treasure of Dragon Mountain. The dragon told him about the history of the mountain and how the treasure possessed the power to heal and bring peace.

Johnny understood that the true treasure lay not in riches but in the mountain's ability to help others. He asked the dragon for assistance in bringing a portion of the treasure back to his village to aid those in need.

Touched by the boy's determination, the dragon agreed. Together, they shared a portion of the treasure with the village, and its power healed the sick and restored peace.

Johnny became a hero in his village and taught its inhabitants that the greatest treasure lies not in wealth but in the ability to help others and in having a heart open to the welfare of fellow human beings.

This story teaches us that the greatest treasure is the ability to help and share with others.

Słoneczna Opowieść o Kwiatku

W małym miasteczku, gdzie słońce świeciło przez większość roku, mieszkał mały chłopiec o imieniu Filip. Filip był znany w całym mieście z powodu swojej miłości do kwiatów. Każdego ranka, gdy słońce wstawało, Filip wychodził do swojego uroczego ogrodu pełnego pięknych kwiatów.

Filip dbał o swoje kwiaty z miłością i troską. Podlewał je, opowiadał im bajki i śpiewał im piosenki. Wszystkie kwiaty w jego ogrodzie rosły zdrowo i kwitły w najpiękniejszych kolorach.

Jednego dnia, gdy Filip spacerował po swoim ogrodzie, natknął się na mały, zwiędły kwiatek, który stał na uboczu. Był to niewielki, niepozorny kwiat o jaskrawo żółtych płatkach.

Filip postanowił pomóc temu kwiatkowi. Przyszedł codziennie, podlewał go, rozmawiał z nim i okazywał mu swoją miłość. Kwiatek zaczynał powoli nabierać sił i kształtować się w piękny, jaskrawo żółty kwiat.

Z biegiem czasu, miasteczko zaczęło słyszeć o magicznym kwiatku Filipa. Ludzie z innych miejsc przyjeżdżali, aby go podziwiać. Kwiatek stał się symbolem miasteczka, a Filip nauczył innych, że miłość, troska i wytrwałość mogą uczynić nawet najmniejsze rzeczy pięknymi i wyjątkowymi.

Historia Filipa i jego magicznego kwiatka przypomina nam, że warto dbać o te rzeczy, które wydają się niepozorne, ponieważ miłość i troska mogą sprawić, że stają się one wyjątkowe i piękne.

The Sunny Tale of the Little Flower

In a small town where the sun shone for most of the year, lived a young boy named Philip. Philip was known throughout the town for his love of flowers. Every morning when the sun rose, Philip would venture into his charming garden, filled with beautiful flowers.

Philip cared for his flowers with love and tenderness. He watered them, told them stories, and sang songs to them. All the flowers in his garden grew healthy and bloomed in the most splendid colors.

One day, as Philip was strolling through his garden, he came across a small, withered flower sitting off to the side. It was a tiny, unassuming flower with bright yellow petals.

Philip decided to help this little flower. He came to it every day, watered it, talked to it, and showed it his love. The flower slowly began to regain its strength and transformed into a beautiful, bright yellow blossom.

Over time, the town began to hear about Philip's magical flower. People from other places came to admire it. The flower became a symbol of the town, and Philip taught others that love, care, and persistence can make even the smallest things beautiful and unique.

The story of Philip and his magical flower reminds us that it's worth taking care of those things that may seem unassuming because love and care can make them extraordinary and beautiful.

Czarodziejsza Księga

Dawno, dawno temu, w małej wiosce, znajdowała się stara, zakurzona księgarnia, prowadzona przez dziadka Adama. Adam odziedziczył ją po swoich przodkach i był dumny z tradycji, jaką reprezentowała.

Jednak wiele lat minęło, zanim Adam zdecydował się przyjść do księgarni i otworzyć jej drzwi. Zobaczył, że wiele książek jest pokrytych kurzem i zapomnianych przez mieszkańców wioski. Jednak jedna z książek wyróżniała się na tle innych. Była to stara księga z zakurzoną okładką, a na jej grzbiecie widniał napis "Czarodziejsza Księga".

Adam postanowił otworzyć tę tajemniczą księgę i zobaczyć, co się w niej kryje. Na pierwszej stronie znalazł starą mapę, która wskazywała na miejsce ukrytego skarbu. Była to mapa do Wyspy Złotych Marzeń, której istnienie było znane tylko z legend.

Zainspirowany odkryciem, Adam postanowił wyruszyć na poszukiwanie skarbu. Wyruszył w podróż przez morza i zaspy, rozwiązywał zagadki i pokonywał przeszkody. Na swojej drodze spotkał nowych przyjaciół, którzy pomagali mu w odnalezieniu skarbu.

W końcu, po wielu trudach i przygodach, dotarli do Wyspy Złotych Marzeń. Tam odkryli skarb, który był nie tylko bogaty w złoto i klejnoty, ale przede wszystkim bogaty w mądrość, miłość i przyjaźń.

Kiedy Adam wrócił do wioski z odnalezionym skarbem i opowiedział swoją historię, wszyscy mieszkańcy byli pod wrażeniem. Księga, którą uważano za zakurzoną i zapomnianą, okazała się największym skarbem ze wszystkich.

Ta historia uczy nas, że czasem prawdziwe skarby mogą być ukryte w najmniej spodziewanych miejscach. Odkrywanie wiedzy, miłości i przyjaźni może być najcenniejszą przygodą życia.

The Enchanted Book

———

Once upon a time, in a small village, there was an old, dusty bookstore run by Adam's grandfather. Adam had inherited it from his ancestors and took pride in the tradition it represented.

However, many years passed before Adam decided to visit the bookstore and open its doors. He saw that many books were covered in dust and forgotten by the village's residents. However, one book stood out among the rest. It was an old book with a dusty cover, and its spine bore the inscription "The Enchanted Book."

Adam decided to open this mysterious book and see what it contained. On the first page, he found an old map that pointed to the location of a hidden treasure. It was a map to the Island of Golden Dreams, a place known only from legends.

Inspired by the discovery, Adam set out in search of the treasure. He embarked on a journey across seas and through snowstorms, solving puzzles and overcoming obstacles. Along his way, he met new friends who helped him in his quest to find the treasure.

Finally, after many hardships and adventures, they arrived at the Island of Golden Dreams. There, they discovered a treasure that was not only rich in gold and jewels but, above all, rich in wisdom, love, and friendship.

When Adam returned to the village with the found treasure and told his story, all the villagers were amazed. The book that had been considered dusty and forgotten turned out to be the greatest treasure of all.

This story teaches us that sometimes true treasures can be hidden in the most unexpected places. Exploring knowledge, love, and friendship can be the most valuable adventure of life.

Słoneczny Dzień na Zielonym Łączce

———

Pewnego słonecznego dnia w malowniczej wiosce, dzieci zebrały się na Zielonej Łączce, aby spędzić razem czas na zabawie. Wiosna właśnie zawitała z kwitnącymi kwiatami, a ptaki śpiewały radosne piosenki na niebie.

W grupie dzieci była Marta, Filip, Kasia i Piotrek. Zaczęli swoją przygodę od wyścigu na trzy nogi, próbując utrzymać równowagę i biegać razem jak najszybciej. Śmiech i okrzyki radości napełniały powietrze.

Następnie dzieci postanowiły zorganizować konkurs na najpiękniejszy bukiet kwiatów. Rozbiegły się po łączce w poszukiwaniu kolorowych kwiatów, a potem układali piękne bukiety, starając się, aby każdy z nich był wyjątkowy.

Kasia znalazła delikatne fiołki, Piotrek wybrał jaskrawe stokrotki, a Filip znalazł dziką różę. Marta miała pomysł, aby stworzyć bukiet z różnych kolorów kwiatów, co uczyniło go wyjątkowo pięknym.

Następnie dzieci zdecydowały się na wspólną grę w chowanego. Kasia była pierwsza, która była "w" i musiała zakryć oczy, podczas gdy pozostali znajdowali schowki. Rozległ się śpiew ptaków i szum traw, a dzieci ukrywały się za drzewami i w gęstych zakamarkach.

Gra w chowanego trwała długo, a dzieci bawiły się wspaniale, próbując odnaleźć swoich przyjaciół. Kiedy Piotrek znalazł

Martę, a Filip odnalazł Kasię, śmiały się i cieszyły się razem ze swoim sukcesem.

Zmęczone, ale pełne radości, dzieci usiadły na Zielonej Łączce, aby delektować się słodkimi przekąskami i rozmawiać o swoich przygodach. Patrzyły na niebo, gdzie słońce zachodziło, malując niebo w odcieniach ciepłych barw.

Ten słoneczny dzień na Zielonej Łączce na zawsze pozostał w ich sercach jako wspomnienie o przyjaźni, zabawie i pięknie natury. To pokazało im, że najcenniejsze chwile są te, które spędzamy razem z przyjaciółmi na świeżym powietrzu.

A Sunny Day on the Green Meadow

On a sunny day in a picturesque village, children gathered on the Green Meadow to spend time playing together. Spring had just arrived with its blooming flowers, and the birds were singing joyful songs in the sky.

Among the group of children were Marta, Filip, Kasia, and Piotrek. They began their adventure with a three-legged race, trying to maintain balance and run together as fast as they could. Laughter and shouts of joy filled the air.

Next, the children decided to organize a contest for the most beautiful bouquet of flowers. They scattered across the meadow in search of colorful flowers and then arranged lovely bouquets, striving to make each one unique.

Kasia found delicate violets, Piotrek chose vibrant daisies, and Filip discovered a wild rose. Marta had the idea to create a bouquet with various colors of flowers, making it exceptionally beautiful.

Then, the children decided to play a game of hide-and-seek. Kasia was the first to be "it" and had to close her eyes while the others hid. The singing of birds and the rustling of the grass filled the air as the children hid behind trees and in dense nooks.

The game of hide-and-seek lasted a long time, and the children had a wonderful time trying to find their friends. When Piotrek found Marta, and Filip found Kasia, they laughed and celebrated their success together.

Tired but full of joy, the children sat on the Green Meadow to enjoy sweet snacks and talk about their adventures. They gazed at the sky, where the sun was setting, painting the sky in warm hues.

This sunny day on the Green Meadow would forever remain in their hearts as a memory of friendship, fun, and the beauty of nature. It showed them that the most precious moments are the ones spent together with friends in the great outdoors.

Podróże Małego Kapelusza

Był sobie mały kapelusz o imieniu Kasiek. Kasiek był niezwykle ciekawski i lubił odkrywać świat. Mieszkał w małym sklepiku z kapeluszami, gdzie towarzyszył swojemu właścicielowi, starszemu panu Markowi.

Każdego dnia Kasiek słuchał opowieści klientów o różnych zakątkach świata, które odwiedzili. Marzył, że kiedyś sam będzie mógł wybrać się w podróż i poznać nowe miejsca.

Pewnego dnia, podczas porządkowania sklepiku, Kasiek znalazł mapę. Była to stara mapa, na której były zaznaczone odległe kraje i tajemnicze miejsca. Kasiek poczuł, że to jest jego szansa na spełnienie marzenia o podróżach.

Postanowił opuścić sklep i ruszyć w świat. Założył się na główkę pana Marka i ruszył w nieznane. Pierwszym miejscem, które odwiedził, był tropikalny las, gdzie spotkał kolorowe ptaki i egzotyczne zwierzęta.

Następnie udał się w góry, gdzie wspiął się na szczyt i podziwiał zapierające dech widoki. Po tej wyczerpującej wspinaczce odpoczął na plaży, gdzie powitały go ciepłe fale morza.

Kasiek zwiedził wiele miejsc i poznał nowych przyjaciół. Każda podróż była dla niego niezapomnianą przygodą. Jednak po długich miesiącach podróżowania, Kasiek zrozumiał, że najważniejsze jest miejsce, które nazywał domem.

Wrócił do sklepiku pana Marka z bagażem pełnym wspomnień i opowiadał mu o swoich przygodach. Pan Marek był dumny z małego kapelusza i wiedział, że nie ma lepszego miejsca na świecie niż miejsce, które nazywamy domem.

Ta historia uczy nas, że czasem możemy marzyć o wielkich przygodach, ale najważniejsze jest miejsce, które nazywamy domem i ludzie, których mamy wokół siebie.

The Adventures of Little Hat

Once upon a time, there was a small hat named Kasiek. Kasiek was incredibly curious and loved to explore the world. He lived in a small hat shop, where he kept his owner, an older gentleman named Mr. Mark, company.

Every day, Kasiek listened to the stories of customers about various corners of the world they had visited. He dreamed that one day he, too, would be able to go on a journey and discover new places.

One day, while tidying up the shop, Kasiek found a map. It was an old map with distant countries and mysterious places marked on it. Kasiek felt that this was his chance to fulfill his dream of traveling.

He decided to leave the shop and venture into the unknown. He perched atop Mr. Mark's head and set off on his adventure. The first place he visited was a tropical jungle, where he met colorful birds and exotic animals.

Next, he journeyed to the mountains, where he climbed to the summit and marveled at breathtaking views. After this strenuous climb, he rested on a beach, where he was greeted by the warm waves of the sea.

Kasiek explored many places and made new friends along the way. Each journey was an unforgettable adventure for him.

However, after months of traveling, Kasiek realized that the most important place was the one he called home.

He returned to Mr. Mark's shop with a bag full of memories and shared his adventures with him. Mr. Mark was proud of the little hat and knew that there was no better place in the world than the place we call home.

This story teaches us that sometimes we can dream of grand adventures, but the most important place is the one we call home and the people we have around us.

Przygoda Małego Wiewiórczka

Pewnego letniego dnia, w uroczej leśnej osadzie, mieszkała mała wiewiórka o imieniu Zosia. Zosia była najbardziej odważną i ciekawską wiewiórką w całym lesie. Mieszkała w dużej dębie razem ze swoją rodziną.

Jednak Zosia zawsze marzyła o wielkiej przygodzie poza swoim rodzinnym drzewem. Pewnego ranka, gdy słońce świeciło jasno na niebie, postanowiła wyruszyć na swoją pierwszą samodzielną wyprawę.

Zosia miała plan dotarcia do Wielkiego Lasu, który znajdował się na obrzeżach ich osady. Wiedziała, że jest to nieznane terytorium, ale jej ciekawość nie pozwoliła jej się zatrzymać.

Wyruszyła z plecakiem pełnym orzechów i suszonych jagód oraz z małą mapką, którą jej mama narysowała, aby pomóc jej znaleźć drogę z powrotem do domu. W lesie spotkała wiele przyjaznych zwierząt, które opowiadały jej o swoich przygodach.

Podczas swojej wędrówki Zosia trafiła na piękny wodospad, który zafascynował ją swoim szumem i błyszczącą wodą. Następnie odkryła kolorowy kwietnik pełen pięknych kwiatów. Były one tak piękne, że nie mogła się oprzeć i zabrała kilka z nich ze sobą.

Kiedy słońce zaczęło zachodzić, Zosia zrozumiała, że nadszedł czas, aby wrócić do swojego rodzinnego drzewa. Wzięła mapkę i podążała w kierunku, który uważała za właściwy. Po kilku godzinach dotarła do swojej osady, a jej rodzina czekała na nią z otwartymi ramionami.

Zosia podzieliła się swoimi przygodami i pokazała kwiaty, które znalazła. Jej rodzina była dumna z jej odwagi i ciekawości. Nauka, że można odkrywać świat i wracać do domu, była dla Zosi najważniejsza.

Ta historia uczy nas, że odwaga i ciekawość mogą nas prowadzić do wielkich przygód, ale zawsze warto wrócić do rodzinnego domu i podzielić się swoimi przeżyciami z najbliższymi.

The Adventure of Little Squirrel

On a summer day in a charming woodland settlement, lived a little squirrel named Zosia. Zosia was the bravest and most curious squirrel in the entire forest. She lived in a large oak tree with her family.

However, Zosia always dreamed of a grand adventure beyond her family tree. One bright morning, when the sun was shining high in the sky, she decided to set off on her first solo expedition.

Zosia had a plan to reach the Great Forest, which lay on the outskirts of their settlement. She knew it was uncharted territory, but her curiosity wouldn't let her stay put.

She set out with a backpack filled with nuts and dried berries and a little map her mother had drawn to help her find her way back home. In the forest, she encountered many friendly animals who shared their own stories and adventures.

During her journey, Zosia stumbled upon a beautiful waterfall that fascinated her with its roar and glistening water. Next, she discovered a colorful flowerbed filled with beautiful blooms. They were so enchanting that she couldn't resist plucking a few to take with her.

As the sun began to set, Zosia realized it was time to return to her family tree. She took out her map and followed what she believed to be the correct direction. After a few hours, she arrived back at her settlement, and her family welcomed her with open arms.

Zosia shared her adventures and showed them the flowers she had found. Her family was proud of her courage and curiosity. Zosia learned that while she could embark on grand adventures, it was always valuable to return to her family and share her experiences.

This story teaches us that courage and curiosity can lead us on great adventures, but it's always worth returning to our family and sharing our experiences with loved ones.

Zagubiony Balonik

Pewnego słonecznego dnia w malutkim miasteczku mieszkała mała dziewczynka o imieniu Lena. Lena była radosnym i ciekawym świata dzieckiem. Miała też ukochany balonik, który towarzyszył jej na każdym kroku. Balonik miał piękny niebieski kolor i uśmiechniętą buzię.

Pewnego dnia Lena postanowiła wybrać się na piknik z rodzicami. Wzięła swego wiernego balonika i ruszyła w drogę. Podczas pikniku Lena bawiła się wesoło z innymi dziećmi, a balonik unosił się na sznurku, tańcząc w powietrzu.

Jednak nagle, gdy wszyscy bawili się w zabawki, silny wiatr zerwał balonika z ręki Leny. Dziewczynka wydawała z siebie smutny okrzyk, gdy zobaczyła, jak jej ukochany balonik unosi się coraz wyżej i znika w niebie.

Lena była bardzo smutna. Wróciła do domu z łzami w oczach i tęskniła za swoim balonikiem. Nie mogła przestać myśleć o tym, jak samotny musi być na niebie.

Tymczasem balonik unosił się coraz wyżej i dalej. Leciał nad wzgórzami, lasami i rzekami. Widział piękne zachody słońca i gwiazdy na nocnym niebie. Był zafascynowany widokami, które wcześniej były mu obce.

Tymczasem, wieczorem, Lena usiadła na schodach przed domem, nadal smutna. Nagle, zobaczyła coś niezwykłego na niebie. To był jej balonik, który wracał do domu. Opadł delikatnie i spokojnie w jej ogrodzie.

Lena była wniebowzięta i szczęśliwa, że odzyskała swojego ukochanego balonika. Teraz miała wiele opowieści do podzielenia się z nim o swoim pikniku i balonikowi było się czym zachwycać. Był szczęśliwy, że mógł doświadczyć przygód na niebie, ale teraz znowu był z Leną, swoją najlepszą przyjaciółką.

Ta historia uczy nas, że czasami możemy doświadczyć chwilnej separacji od naszych najbliższych, ale warto docenić te chwile, gdy wracają do nas, bogatsi w doświadczenia.

The Lost Balloon

On a sunny day in a tiny town, lived a little girl named Lena. Lena was a cheerful and curious child. She also had a beloved balloon that accompanied her every step of the way. The balloon was a beautiful shade of blue with a smiling face.

One day, Lena decided to go on a picnic with her parents. She took her faithful balloon and set off on the journey. During the picnic, Lena played happily with other children, and her balloon floated on its string, dancing in the air.

However, suddenly, as everyone was playing with their toys, a strong gust of wind snatched the balloon from Lena's hand. The little girl let out a sad cry as she watched her beloved balloon rise higher and disappear into the sky.

Lena was very upset. She returned home with tears in her eyes and missed her balloon. She couldn't stop thinking about how lonely it must be up in the sky.

Meanwhile, the balloon ascended higher and farther. It flew over hills, forests, and rivers. It witnessed beautiful sunsets and the stars in the night sky. It was fascinated by the sights that had been unfamiliar to it before.

In the evening, Lena sat on the steps in front of her house, still feeling sad. Suddenly, she saw something extraordinary in the sky. It was her balloon, returning home. It descended gently and peacefully into her garden.

Lena was overjoyed and happy to have her beloved balloon back. Now, she had many stories to share with it about her picnic, and the balloon had so much to admire. It was happy to have experienced adventures in the sky, but now it was back with Lena, its best friend.

This story teaches us that sometimes we may experience a temporary separation from our loved ones, but it's worth appreciating those moments when they return to us, enriched with experiences.